I0389102

Hebrew Word Search

28 Puzzles

Free Hebrew alphabet chart:
cactuspearbooks.com/alefbetguide

Directions
Find the words hidden in the grid. Search forward, backward, up, down or diagonally.

Cactus
Pear
Books

Copyright © 2020 Sharon Asher

All rights reserved.

No part of this book may be copied and/or altered and/or distributed and/or reproduced in any form or by any electronic or mechanical means, including but not limited to information storage and retrieval systems, without express permission in writing from the author.

ISBN-13: 978-1-951462-09-3

1 Welcome בְּרוּכִים הַבָּאִים

ב	ב	ק	ש	ה	ש	נ	ר	י	מ
ו	ך	ב	ו	ט	ר	ק	ב	ה	ה
א	צ	ן	ה	א	כ	ח	ע	ד	ש
נ	ף	א	כ	ת	ש	מ	ר	ו	ל
י	ע	ת	ס	ה	ל	ז	ב	ת	ו
ז	פ	א	ש	ע	ו	צ	ט	ף	מ
ס	ל	י	ח	ה	ם	ן	ו	ב	ך
ב	ו	ט	ה	ל	י	ל	ב	ס	ז
ז	ק	ד	ש	נ	צ	פ	ג	ד	ף
ר	ת	ו	א	ר	ת	ה	ל	ר	ץ

שָׁלוֹם
hello

בֹּקֶר טוֹב
good morning

עֶרֶב טוֹב
good evening

לַיְלָה טוֹב
good night

לְהִתְרָאוֹת
see you

מָה שְׁלוֹמֵךְ?
how are you?

בְּסֵדֶר
okay

תּוֹדָה
thank you

בְּבַקָּשָׁה please;
you’re welcome

אֲנִי
I; me

אַתְּ
you (f)

אַתָּה
you (m)

סְלִיחָה
excuse me; sorry

כֵּן
yes

לֹא
no

2 Weather מֶזֶג אֲוִיר

ט	ת	י	ה	ש	ל	ג	ק	ם	כ
ל	כ	ש	ע	צ	א	ר	ץ	צ	פ
ם	ן	ב	ק	ן	י	ס	מ	ח	ו
ש	מ	ש	ד	כ	ל	ו	ע	ם	ר
ב	ק	י	צ	ש	ה	פ	נ	ל	ע
ת	צ	ם	ק	ט	ר	ה	ן	א	ר
ה	ן	ר	ע	ם	ף	ב	ע	ד	פ
צ	ב	ו	ת	ד	ן	ת	ו	ח	ל
א	ר	ג	ש	ם	צ	י	ש	ן	ט
ט	ד	ה	ל	י	ת	ח	ו	ר	כ

שֶׁמֶשׁ sun
חַמְסִין hot and dry
לַחוּת humidity
רוּחַ wind
בָּרָד hail
קַר cold

חַם hot
בַּצֹּרֶת drought
סוּפָה storm
בָּרָק lightning
קֶשֶׁת rainbow
שֶׁלֶג snow

שָׁרָב hot and dry
עֲרָפֶל fog
גֶּשֶׁם rain
רַעַם thunder
מְעֻנָּן cloudy
כְּפוֹר frost

3 Days of the week יְמֵי הַשָּׁבוּעַ

י	ו	ם	מ	ח	ר	ת	י	ם	ז
ת	ש	פ	ג	ט	ן	ו	ש	א	ר
ו	ש	ב	ו	ע	י	ם	נ	ף	ג
ע	ף	ע	ו	ז	י	ש	י	ל	ש
ו	ל	כ	פ	ע	ע	ת	ש	ג	א
ב	ח	מ	י	ש	י	ר	ל	ם	ת
ש	כ	ת	ב	ש	ב	ח	ש	ו	מ
מ	ע	צ	ד	י	ר	מ	ו	י	ו
ח	ף	ז	ל	ף	ז	ל	ם	ה	ל
ר	ג	א	ב	ה	ם	ו	י	ה	פ

שָׁבוּעַ week	מָחָר tomorrow	אֶתְמוֹל yesterday	שִׁשִּׁי sixth	שְׁלִישִׁי third	יוֹם day
שְׁבוּעַיִם two weeks	לְמָחֳרָת the next day	שִׁלְשׁוֹם the other day	שַׁבָּת Shabbat	רְבִיעִי fourth	רִאשׁוֹן first
שָׁבוּעוֹת weeks	מָחֳרָתַיִם in two days	הַיּוֹם הַבָּא tomorrow	הַיּוֹם today	חֲמִישִׁי fifth	שֵׁנִי second

4 Family מִשְׁפָּחָה

ב	צ	ך	ב	א	ש	פ	ד	ר	א
ז	ח	א	ת	ח	ס	ע	ג	ב	מ
ב	ת	ח	ד	י	ר	ז	א	ף	א
י	ג	ו	ו	נ	ם	י	ר	ו	ה
ש	ל	ת	ד	י	ך	צ	א	ן	ב
ז	ע	ד	ה	ת	פ	ב	ש	י	ן
ד	ג	צ	י	ך	ס	ז	ד	ח	ד
א	ש	ה	ך	ם	ש	ב	צ	א	ו
ש	ה	ד	ו	ד	פ	ך	ת	ס	ד
צ	ל	ע	ב	ד	ו	ד	ז	א	פ

אִמָּא
mother

בֵּן
son

אָחוֹת
sister

סָבְתָא
grandmother

בֶּן דּוֹד
cousin (m)

בַּעַל
husband

אַבָּא
father

בַּת
daughter

אָח
brother

דּוֹדָה
aunt

בַּת דּוֹדָה
cousin (f)

אַחְיָן
nephew

הוֹרִים
parents

יְלָדִים
children

סַבָּא
grandfather

דּוֹד
uncle

אִשָּׁה
wife; woman

אַחְיָנִית
niece

5 Food אֹכֶל

ל	ש	ג	ט	א	ה	מ	צ	ח	ז
ע	פ	ק	ד	ת	י	כ	ן	ו	ג
ב	י	א	ש	ם	ך	ב	א	מ	ב
ק	ר	ה	ל	ו	ס	י	ר	ו	י
פ	ק	ז	ד	פ	ק	צ	ז	ס	נ
ה	ו	ח	ב	י	ת	ה	ע	צ	ה
ב	ת	ר	ט	צ	י	פ	ס	ז	ג
ד	ש	ע	ל	א	ג	ט	ל	ס	ט
ב	ה	ח	צ	ף	ו	ע	ק	ר	מ
ט	ם	א	ג	ן	ו	ב	א	ת	ב

בֵּיצָה egg
שַׁקְשׁוּקָה shakshuka
לֶחֶם bread
צִ'יפְּס french fries
עוֹף chicken
יְרָקוֹת vegetables

חֲבִיתָה omelet
סָלָט salad
מַיִם water
חוּמוּס hummus
בָּשָׂר meat
תֵּה tea

גְּבִינָה cheese
קָפֶה coffee
פָלָאפֶל falafel
אֹרֶז rice
מָרָק soup
בְּתֵאָבוֹן bon appétit

6 Feelings רְגָשׁוֹת

א	ט	צ	ע	ו	ג	ע	ג	ך	ב
ה	ס	ב	ל	נ	ו	ת	י	ע	ץ
ב	ל	פ	ד	י	כ	ו	ס	ח	נ
ה	כ	ס	א	ע	ה	י	ל	ה	א
צ	ה	י	ג	י	ו	מ	ס	ח	מ
א	א	מ	ה	פ	ק	י	ב	מ	נ
ש	נ	י	ד	ו	ת	ט	צ	ש	ו
ר	ק	ו	ח	ת	כ	פ	ע	ז	ת
ט	צ	ת	פ	ך	ל	ו	ס	ט	צ
ך	ם	ו	מ	ע	ש	א	ח	ש	ש

אַהֲבָה love
כַּעַס anger
תִּקְוָה hope
עֲיֵפוּת tiredness
חֲשָׁשׁ worry; fear
אוֹפְּטִימִיוּת optimistic

גַּעֲגוּעַ longing
שִׁעֲמוּם boredom
דְּאָגָה worry
עֶצֶב sadness
נֶאֱמָנוּת loyalty
שִׂמְחָה happiness

אֹשֶׁר happiness
קִנְאָה jealousy
לַחַץ stress
פַּחַד fear
פֶּסִימִיוּת pessimistic
סַבְלָנוּת patience

7 Occupation מִקְצוֹעַ

ב	צ	ע	מ	ז	ס	מ	ו	ר	ה
ע	צ	ך	נ	ג	ר	י	ת	א	ח
ו	ס	ל	ף	ע	ש	נ	ח	ק	ד
ר	ט	א	ם	מ	ט	ו	ל	ף	ו
ך	י	כ	צ	ה	ת	א	ט	ז	ר
ד	ס	ב	י	נ	י	ח	ס	ר	י
י	ת	א	ר	ד	ל	ג	ק	פ	ת
ן	ז	י	ת	ס	ך	ז	נ	ו	ר
ס	מ	ל	ה	א	פ	ו	ר	ן	ר
ז	ר	ו	ט	ר	י	נ	ר	י	ת

וֵטֵרִינָרִית veterinarian
מוֹרָה teacher
זַמָּר singer
טַיֶּסֶת pilot
נַגָּרִית carpenter
עוֹרֵךְ דִּין lawyer

צַיֶּרֶת artist
רוֹפְאָה doctor
סַפָּר barber
מְהַנְדֵּס engineer
כַּבַּאי firefighter
מְעַצֵּב designer

גַּנָּן gardener
חַקְלַאי farmer
שׁוֹטֶרֶת policewoman
דַּוָּרִית mailwoman
צַלָּם photographer
רוֹקַחַת pharmacist

8 Clothing הַלְבָּשָׁה

ח	ג	ו	ר	ה	ת	ו	פ	פ	כ
ט	נ	ם	י	ד	ג	ב	ז	ך	מ
ג	ע	פ	ה	פ	י	ל	ח	צ	ע
ר	ל	ה	מ	ג	י	פ	א	ן	י
ב	י	מ	כ	נ	ס	י	ם	ס	ל
י	ם	ש	פ	ח	ה	ף	ז	כ	ד
ם	ש	ק	ת	ט	ל	ע	צ	ו	נ
א	ע	פ	ו	ז	מ	צ	ב	ר	ס
ך	ו	י	ר	ע	ש	א	ה	ו	פ
ט	ן	ם	י	נ	ו	ת	ח	ת	כ

חֻלְצָה shirt
חֲלִיפָה suit
נַעֲלַיִם shoes
חֲגוֹרָה belt
כּוֹבַע hat
בֶּגֶד יָם bathing suit

מִכְנָסַיִם pants
תַּחְתּוֹנִים underwear
רוֹכְסָן zipper
שָׁעוֹן watch
כְּפָפוֹת gloves
סַנְדָּל sandal

שִׂמְלָה dress
גַּרְבַּיִם socks
כַּפְתּוֹר button
מִשְׁקָפַיִם glasses
מְעִיל coat
פִּיגָ'מָה pajamas

9 Home בַּיִת

מ	א	ב	ט	צ	ן	ו	ר	ד	ס	מ
פ	י	ז	ע	ף	ח	ע	ב	א	ט	ד
ת	ל	ד	ח	ך	ל	ז	ה	ב	ח	ש
ח	ס	א	צ	ג	ש	ע	ח	ז	ד	י
ג	פ	ד	ר	ף	ט	ס	ך	א	ר	ר
ב	ה	י	ז	י	ו	ל	ט	ב	ש	ו
ן	ע	ט	ש	ע	צ	ו	ז	ג	נ	ת
ס	ך	ד	א	ס	ב	ן	מ	ט	ה	י
ח	ה	ג	ב	צ	ף	ז	א	ד	ט	ם
מ	ר	פ	ס	ת	ה	ת	ח	ל	ק	מ

מִרְפֶּסֶת porch	סָלוֹן living room	מִטְבָּח kitchen	חֲדַר שֵׁנָה bedroom	מִסְדְּרוֹן hall	בַּיִת house
חָצֵר yard	סַפָּה couch	שֻׁלְחָן table	מִטָּה bed	שֵׁירוּתִים bathroom	דֶּלֶת door
מַחְסָן shed	טֵלֵוִיזְיָה television	כִּסֵּא chair	שִׁדָּה dresser	מִקְלַחַת shower	מַפְתֵּחַ key

10 In the kitchen בְּמִטְבָּח

ר	ן	ג	ל	ז	מ	א	ט	ץ	ג
ד	ר	י	ח	ש	ח	ר	ת	ס	ד
צ	ף	ק	כ	ג	ב	ו	י	י	צ
ל	ש	ן	מ	ס	ת	ן	פ	ר	נ
ק	ג	ץ	ם	ה	ח	מ	כ	ד	צ
מ	ט	ו	י	ר	ל	ט	ף	צ	נ
ק	ן	צ	ר	ע	צ	ב	ש	ט	ת
ו	ג	ו	י	ק	ף	ח	ל	ג	כ
ם	נ	ט	כ	ד	י	צ	פ	ו	ן
ת	ש	ן	ק	נ	ק	מ	ס	ץ	ט

מְקָרֵר refrigerator
אָרוֹן מִטְבָּח kitchen cupboard
סִיר pot
קְעָרָה bowl
כַּפִּית spoon
סַכִּין knife

תַּנּוּר oven
קֻמְקוּם kettle
מַחֲבַת pan
כּוֹס cup
כַּף tablespoon
צִנְצֶנֶת jar

כִּירַיִם stove top
מִיקְרוֹגַל microwave
צַלַּחַת plate
סֵפֶל mug
מַזְלֵג fork
קַנְקַן carafe

11 Vegetables יְרָקוֹת

א	ם	כ	ר	ו	ב	י	ת	ז	ך
ז	ו	ף	צ	ה	נ	ו	פ	א	מ
ך	ח	ש	ס	ו	מ	ו	ח	ר	ל
י	ל	ו	ק	ו	ר	ב	פ	ז	פ
ב	ל	י	צ	ח	ג	ם	צ	ג	פ
ר	ז	ב	ו	ר	כ	ר	ך	ל	ו
ל	ה	מ	ד	א	ח	ו	פ	ת	ן
ו	פ	ל	פ	ל	ת	י	ר	ס	ז
ק	ך	צ	ק	ו	ש	י	ט	ר	א
צ	ז	ח	ס	ה	י	נ	ב	ג	ע

גֶּזֶר carrot
אֲפוּנָה peas
חוּמוּס chickpeas
עַגְבָנִיָּה tomato
קִשּׁוּא zucchini
חָצִיל eggplant

פִּלְפֵּל pepper
בְּרוֹקוֹלִי broccoli
חַסָּה lettuce
כְּרוּב cabbage
תַּפּוּחַ אֲדָמָה potato
קוֹלְרַבִּי kohlrabi

תִּירָס corn
בָּצָל onion
מְלָפְפוֹן cucumber
כְּרוּבִית cauliflower
אַרְטִישׁוֹק artichoke
אַסְפָּרָגוֹס asparagus

12 Fruit פֵּרוֹת

א	א	ת	ה	ע	ם	ח	ו	פ	ת
נ	ב	ו	ר	נ	צ	י	ו	י	ק
נ	ט	ת	ו	ב	א	פ	ר	ס	ק
ס	י	ך	ל	י	כ	ס	ט	ך	ד
ך	ח	צ	פ	ם	מ	ף	ז	ל	ב
ל	ה	נ	י	ט	נ	מ	ל	ק	ד
ת	י	ג	ס	ל	י	ה	נ	נ	ב
פ	ס	מ	פ	ג	ת	ם	נ	ך	ן
ו	ם	צ	ו	ד	ק	ו	ב	א	צ
ז	ג	ף	ל	ן	ס	ם	ז	י	ת

זַיִת olive	תּוּת strawberry	אֲנָנָס pineapple	פֶּטֶל raspberry	פָּסִיפְלוֹרָה passion fruit	אֻכְמָנִית blueberry
קִיוִי kiwi	תַּפּוּחַ apple	בָּנָנָה banana	אֲפַרְסֵק peach	אָבוֹקָדוֹ avocado	תְּאֵנָה fig
תַּפּוּז orange	לִימוֹן lemon	דֻּבְדְּבָן cherry	אֲבַטִּיחַ watermelon	עֲנָבִים grapes	קְלֵמֶנְטִינָה clementine

13 Places מְקוֹמוֹת

ז	ר	פ	ס	ת	י	ב	א	ב	צ
ח	ה	י	ר	פ	ס	י	ל	ס	ט
ו	א	ה	פ	ו	ע	ת	ה	ד	ש
ה	ד	ר	ש	מ	ג	ק	ר	ז	ו
ע	ה	ד	ע	ס	מ	פ	י	ר	ק
צ	ו	ג	ב	ל	ג	ה	ד	ח	ג
י	ב	נ	צ	ן	ו	א	ז	ו	מ
ם	א	ר	ל	ס	ט	נ	ס	ב	פ
ז	י	מ	ל	ו	ן	א	צ	ז	ע
ע	י	ר	ה	א	ק	ר	א	פ	ל

מוּזֵאוֹן museum	פַּארְק park	יָם sea	מִשְׂרָד office	עֲיָרָה town	חַוָּה farm
מָלוֹן hotel	רְחוֹב street	סִפְרִיָּה library	בֵּית קָפֶה coffee house	עִיר city	שׁוּק market
שְׂדֵה תְּעוּפָה airport	קוֹלְנוֹעַ cinema	בֵּית סֵפֶר school	מִסְעָדָה restaurant	דִּירָה apartment	מִפְעָל factory

14 Vehicles כְּלֵי רֶכֶב

ז	כ	ג	צ	ת	י	נ	ו	כ	מ
ח	ב	ן	ם	ר	ה	ף	ס	צ	ו
ש	א	ף	כ	ז	ל	ו	ע	ח	נ
מ	י	ב	ג	ב	ט	נ	ו	ר	י
ל	ת	ל	כ	מ	ז	מ	נ	ו	ת
י	מ	ר	ו	ט	ק	ר	ט	פ	ס
ת	ש	ק	ו	ס	מ	צ	ק	ר	י
ג	א	ו	ט	ו	ב	ו	ס	ו	ר
צ	י	ם	י	נ	פ	ו	א	ד	ה
ז	ת	י	ת	ח	ת	ת	ב	כ	ר

מָטוֹס – air plane
רַכְבָּל – cable car
מְכוֹנִית – car
מוֹנִית – taxi
מָנוֹף – crane
טְרַקְטוֹר – tractor

מַסּוֹק – helicopter
רַכֶּבֶת תַּחְתִּית – subway
סִירָה – boat
אוֹפַנַּיִם – bicycle
מַלְגֵּזָה – forklift
חַשְׁמַלִּית – trolley

רַכֶּבֶת – train
כַּדּוּר פּוֹרֵחַ – hot air balloon
אוֹטוֹבּוּס – bus
מַשָּׂאִית – truck
כַּבָּאִית – fire engine
קַטְנוֹעַ – motor scooter

15 Tools כְּלֵי עֲבוֹדָה

ק	ט	ה	ח	ד	ק	מ	ן	ש	נ
ם	ד	פ	צ	ם	ל	ס	ס	י	מ
י	ש	מ	ב	ר	ג	ק	ר	מ	פ
ל	כ	ו	ת	ר	ע	ז	ט	ס	ת
כ	ע	פ	ב	ח	כ	ך	מ	ו	ח
ז	ק	ן	ל	ו	ש	ן	ד	ר	ב
ג	כ	מ	כ	ר	פ	ש	ה	ל	ר
ר	ז	י	ד	מ	ל	י	ט	ו	ג
א	ת	ק	ן	ס	ס	ט	ק	א	י
ד	צ	ט	ש	מ	ס	פ	ר	י	ם

פַּטִּישׁ – hammer
נְיַר זְכוּכִית – sandpaper
מַסּוֹר – saw
מִסְפָּרַיִם – scissors
פֶּלֶס – leveler
בֹּרֶג – screw; bolt

מַקְדֵּחָה – drill
מַפְתֵּחַ בְּרָגִים – wrench
מַסְמֵר – nail
סֻלָּם – ladder
פּוֹמְפָּה – plunger
סֶרֶט מִדָּה – measuring tape

מַבְרֵג – screwdriver
אַרְגַּז כֵּלִים – toolbox
צְבָת – pliers
אִזְמֵל – chisel
אֹם – bolt
אוֹלָר – pocketknife

16 Toys צַעֲצוּעִים

א	ן	ו	פ	י	פ	ע	ם	א	מ
ם	ה	ש	ן	ו	ב	י	ב	ס	ט
ק	צ	נ	ם	ג	ל	ו	ב	ק	ק
ו	י	ג	י	ש	ו	י	ה	י	ו
ר	פ	כ	ק	ל	ן	ו	ד	י	ת
ק	ק	ת	ו	ל	ו	ג	ב	ט	ר
י	ל	א	ל	ז	א	פ	י	ב	ו
נ	ב	ם	ב	ו	נ	י	מ	ו	ד
ט	ח	ג	כ	ש	ב	ש	ש	ר	כ
ש	ן	פ	ו	א	ת	ל	ת	ד	ט

- בָּלוֹן balloon
- סְבִיבוֹן spinning top
- מַטְקוֹת paddle ball
- סְקֵייטְבּוֹרְד skateboard
- בֻּבָּה doll
- חֶבֶל קְפִיצָה jump rope
- כַּדּוּר ball
- קוֹרְקִינֶט scooter
- שֵׁשׁ בֵּשׁ backgammon
- דֻּבִּי teddy bear
- דּוֹמִינוֹ dominoes
- בְּלוֹקִים blocks
- יוֹיוֹ yo-yo
- טְרַמְפּוֹלִינָה trampoline
- פָּאזֶל puzzle
- עֲפִיפוֹן kite
- גּוּלוֹת marbles
- תְּלַת־אוֹפַן tricycle

17 Colors צְבָעִים

ק	ט	א	ן	ר	פ	א	ש	ע	ט
י	כ	ד	ח	ע	ז	ב	י	ן	כ
ר	ע	ם	ד	ג	ר	מ	ז	א	ס
ק	ל	פ	ת	ט	ב	ש	ק	י	ף
ש	ו	ו	ע	כ	ה	ן	ס	נ	ח
פ	נ	ר	מ	ע	ז	ך	ג	ד	ם
ל	ד	ד	ג	ר	ח	ש	ל	י	ו
ח	ר	כ	נ	ך	ב	ה	צ	ג	ח
כ	ק	ש	ט	פ	ט	כ	ש	ו	ט
ן	ח	י	ה	ע	ן	ב	ל	פ	ק

אָפֹר gray
צָהֹב yellow
סָגֹל purple
שָׁחֹר black
זָהָב gold
אִזְמַרְגָּד emerald

אָדֹם red
יָרֹק green
וָרֹד pink
לָבָן white
מָגֶנְטָה magenta
אִינְדִּיגוֹ indigo

כָּתֹם orange
כָּחֹל blue
חוּם brown
כֶּסֶף silver
לָוֶנְדֶּר lavender
בֵּז' beige

18 Numbers מִסְפָּרִים

א	ר	ב	ע	ק	פ	ד	ן	ש	ט
ר	ח	ם	י	ש	ו	ל	ש	ג	כ
ב	ע	כ	ג	ך	ר	ז	א	פ	ס
ע	ן	ש	ח	ט	ף	ה	ח	ב	ג
י	מ	ד	ר	ז	ס	כ	ת	ף	ק
ם	א	ט	מ	י	ל	י	ו	ן	ד
י	ה	ג	כ	ק	ם	פ	ע	ב	ש
ש	מ	ו	נ	ה	י	ע	ש	ת	ל
מ	פ	ף	ל	א	ת	ט	ד	פ	ו
ח	מ	ש	ן	ד	ש	ך	ן	ק	ש

אֶפֶס zero
שָׁלוֹשׁ three
שֵׁשׁ six
תֵּשַׁע nine
שְׁלוֹשִׁים thirty
מֵאָה hundred

אַחַת one
אַרְבַּע four
שֶׁבַע seven
עֶשֶׂר ten
אַרְבָּעִים forty
אֶלֶף thousand

שְׁתַּיִם two
חָמֵשׁ five
שְׁמוֹנֶה eight
עֶשְׂרִים twenty
חֲמִשִּׁים fifty
מִילְיוֹן million

19 Shapes צוּרוֹת

ט	ק	א	ט	ן	ב	ל	מ	ו	ס
ר	ד	ל	כ	מ	ר	ש	ע	מ	פ
פ	ו	י	ם	ת	ח	ד	י	ק	ר
ז	ש	ל	ש	מ	ז	ה	ן	ך	ה
ל	ק	ג	מ	ך	ד	ס	נ	ש	א
ג	ב	א	ח	י	צ	כ	ש	ח	ט
ל	י	ט	מ	ם	ז	מ	ש	ב	ע
ג	ה	ר	ב	ו	ע	ד	א	כ	ש
ס	י	ב	ד	ל	ו	ג	ע	ם	ת
פ	ם	ק	ת	י	ל	י	ב	ק	מ

עִגּוּל circle
מְשֻׁלָּשׁ triangle
מְעֻיָּן rhombus
מְשֻׁשֶּׁה hexagon
מְתֻשָּׁע nonagon
סְפֵרָה sphere
רִבּוּעַ square
מַלְבֵּן rectangle
טְרַפֵּז trapezoid
מְשֻׁבָּע heptagon
מְעֻשָּׂר decagon
גָּלִיל cylinder
סְגַלְגַּל oval
מַקְבִּילִית parallelogram
מְחֻמָּשׁ pentagon
מְתֻמָּן octagon
קֻבִּיָּה cube
פִּירָמִידָה pyramid

20 Time זְמַן

א	ט	ש	נ	י	ה	ע	ל	ת	כ
ש	מ	ך	ג	ן	ב	ך	א	ק	ר
ע	ז	ק	ף	ר	ה	ק	ד	ו	ב
ה	ע	ס	ד	א	ל	ם	ע	פ	ע
כ	ת	ך	ל	ם	פ	ז	ט	ה	ן
ח	י	י	צ	ח	ע	כ	ש	ו	ר
צ	ד	ג	ט	ן	מ	ף	ג	ח	ה
נ	ם	י	ת	נ	י	ב	א	ז	נ
כ	ה	ו	ו	ה	ם	מ	כ	ל	ו
ן	ל	א	ח	ר	כ	ך	ג	ט	ע

שְׁנִיָּה
second

רֶבַע
quarter

עָבָר
past

פַּעַם
once; occasion

תְּקוּפָה
time period

עַכְשָׁו
now

דַּקָּה
minute

חֵצִי
half

הוֹוֶה
present

לִפְעָמִים
sometimes

מֻקְדָּם
early

אַחַר כָּךְ
afterwards

שָׁעָה
hour

נֶצַח
forever

עָתִיד
future

עוֹנָה
season

מְאֻחָר
late

בֵּינְתַיִם
meanwhile

21 Months חָדְשֵׁי הַשָּׁנָה

ש	נ	ה	א	י	א	מ	ק	ם	ל
נ	י	א	ו	נ	ן	ר	ד	ו	ג
ה	נ	פ	ג	ו	כ	ץ	ח	ר	ס
מ	ו	ר	ו	א	ג	ש	ב	פ	מ
ע	י	י	ס	ר	נ	ו	ט	ב	ס
ב	ו	ל	ט	ה	ט	מ	ד	ר	ט
ר	ל	ם	ג	ק	ב	ן	כ	ו	ר
ת	י	ד	ו	ר	ש	ד	ח	א	ק
ק	כ	א	ם	ן	ו	ע	ב	ר	ן
נ	ו	ב	מ	ב	ר	ב	מ	צ	ד

יָנוּאָר
January

אַפְּרִיל
April

יוּלִי
July

אוֹקְטוֹבֶּר
October

חֹדֶשׁ
month

סֶמֶסְטֶר
semester

פֶבְּרוּאָר
February

מַאי
May

אוֹגוּסְט
August

נוֹבֶמְבֶּר
November

שָׁנָה
year

לוּחַ שָׁנָה
calendar

מֶרְץ
March

יוּנִי
June

סֶפְּטֶמְבֶּר
September

דֶּצֶמְבֶּר
December

רִבְעוֹן
quarter

שָׁנָה מְעֻבֶּרֶת
leap year

22 The Hebrew calendar הַלּוּחַ הָעִבְרִי

ה	ק	ת	ש	ד	ח	ש	א	ר	צ
נ	ס	ש	ם	ר	ה	ס	ט	מ	א
ב	י	ר	ב	פ	ע	ך	ר	ק	ת
ל	ו	י	ג	ט	ם	ח	ע	ט	ה
ה	ן	ר	ד	א	ש	ו	ל	ס	כ
ד	ג	ח	י	ו	ק	ת	ב	ט	ו
ל	ע	ר	ן	ל	ו	ל	א	פ	כ
ו	ת	ו	ש	מ	ש	ה	ן	י	ב
מ	פ	ם	ט	ן	ס	י	נ	ג	י
ג	ק	ת	מ	ו	ז	פ	צ	א	ם

תִּשְׁרֵי Tishrei
טֵבֵת Tevet
נִיסָן Nisan
תַּמּוּז Tamuz
רֹאשׁ חֹדֶשׁ first of month
מוֹלָד הַלְּבָנָה new moon

מַרְחֶשְׁוָן Marcheshvan
שְׁבָט Shvat
אִיָּר Iyar
אָב Av
סַהַר moon; crescent moon
צֵאת הַכּוֹכָבִים rising of the stars

כִּסְלֵו Kislev
אֲדָר Adar
סִיוָן Sivan
אֱלוּל Elul
חַג holiday
בֵּין הַשְּׁמָשׁוֹת twilight

23 Music כְּלֵי נְגִינָה

ט	א	ס	ק	ס	ו	פ	ו	ן	ם
מ	ל	ב	נ	ש	ה	ל	ד	ג	א
פ	כ	נ	ו	ר	ע	י	ן	ר	ק
ו	ם	ד	ט	ג	ש	ל	ף	ת	ו
ח	ש	י	ה	ל	ה	ח	ט	נ	ר
י	ג	ב	ש	ר	צ	א	ש	ס	ד
ת	ו	מ	צ	ל	ת	י	ם	פ	י
ט	ד	ו	ו	ם	ג	ו	נ	ג	ו
ם	צ	ש	ת	י	נ	ר	ל	ק	ן
ח	א	ן	ו	מ	ע	פ	א	ט	ש

תֹּף drum	כִּנּוֹר violin	פַּעֲמוֹן bell	חָלִיל flute	גוֹנְג gong	טוּבָּה tuba
אָקוֹרְדְּיוֹן accordion	גִּיטָרָה guitar	מְצִלְתַּיִם cymbals	חֲצוֹצְרָה trumpet	מַפּוּחִית harmonica	סַקְסוֹפוֹן saxophone
פְּסַנְתֵּר piano	צֶ׳לוֹ cello	קְלַרְנִית clarinet	נֵבֶל harp	קֶרֶן יַעַר French horn	מְשֻׁלָּשׁ triangle

24 Body parts חֶלְקֵי הַגּוּף

ק	ס	פ	ו	ם	מ	ט	ש	א	ר
ש	נ	ג	ל	כ	ר	ך	ע	ח	ו
ו	ט	ק	ג	ד	פ	נ	י	ם	ק
כ	ר	ע	ר	ם	ק	ף	ן	ג	ט
ת	כ	ד	ח	ס	ש	ם	ע	ף	פ
ף	א	ו	ק	ט	ל	כ	ח	ה	ש
ק	ז	ט	ע	ב	צ	א	ץ	ד	י
ג	ן	ש	ד	פ	ו	ה	ז	ח	ג
ם	ע	כ	ק	ם	א	ע	ל	ו	ם
פ	ן	ט	ב	ך	ר	ד	ש	כ	ק

- רֹאשׁ — head
- אֹזֶן — ear
- שֵׁן — tooth
- צַוָּאר — neck
- מַרְפֵּק — elbow
- בֶּטֶן — stomach
- פָּנִים — face
- אַף — nose
- לֶחִי — cheek
- כָּתֵף — shoulder
- אֶצְבַּע — finger; toe
- רֶגֶל — leg; foot
- עַיִן — eye
- פֶּה — mouth
- סַנְטֵר — chin
- יָד — arm; hand
- חָזֶה — chest
- קַרְסֹל — ankle

25 Plants צְמָחִים

ק	ן	ע	ה	פ	ל	ק	ט	א	י
ד	צ	ל	א	צ	ד	ג	ב	ן	ר
ס	נ	ה	ג	ו	כ	ק	ח	ר	פ
פ	ט	כ	ם	ף	נ	א	ן	ג	ד
ט	ב	ו	ק	י	כ	ס	מ	ב	כ
מ	נ	ת	ם	ג	א	ה	ל	ע	ף
ח	ל	ר	ף	נ	ע	ץ	ט	ו	ס
מ	י	ת	ו	ך	ז	ק	ם	ל	ן
צ	ת	א	ק	ף	ג	ד	ע	ר	ז
ד	ש	ט	ח	י	ש	כ	ש	ר	ש

עָלֶה leaf
נִצָּן bud
פְּרִי fruit
אַבְקָנִים pollen
זֶרַע seed
שְׁתִיל sapling; seedling

פֶּרַח flower
עָנָף branch
צוּף nectar
שֹׁרֶשׁ root
גִּבְעוֹל stalk; stem
שִׂיחַ bush

עֵץ tree
קְלִפָּה bark; peel
עֲלֵה כּוֹתֶרֶת petal
נֶבֶט sprout
גֶּזַע trunk
צֶמַח מְטַפֵּס vine

26 Insects חֲרָקִים

ד	א	ט	ם	ד	צ	ד	ה	מ	ט
ב	י	פ	ר	פ	ר	כ	מ	ק	ש
ו	ת	ן	כ	ע	צ	ז	ל	ק	פ
ר	ו	י	ד	ב	ר	ח	ש	ם	י
ה	ש	ך	ש	ט	ן	ל	ל	י	ר
ם	י	א	נ	ו	ל	ק	מ	נ	י
ז	ב	ו	ב	ף	פ	ם	ג	כ	ת
א	ה	ב	ר	א	ע	ח	כ	ע	א
ם	ה	ל	מ	נ	ד	ט	ג	ש	ע
ת	י	ל	י	ל	ח	ג	ך	ב	ן

זַחַל caterpillar
דְּבוֹרָה bee
חִפּוּשִׁית beetle
חָגָב grasshopper
גַּחְלִילִית firefly
גְּמַל שְׁלֹמֹה mantis

נְמָלָה ant
מַקָּק cockroach
אַרְבֶּה locust
יַתּוּשׁ mosquito
עָשׁ moth
בַּרְחָשׁ gnat

פַּרְפַּר butterfly
זְבוּב fly
צְרָצַר cricket
שַׁפִּירִית dragonfly
כִּנִּים lice
מַקְלוֹנָאִים stick bugs

27 Land animals חַיּוֹת הַיַּבָּשָׁה

ם	ק	ס	ו	ס	ם	ב	ל	כ	ש
ט	ך	ע	ל	ו	ת	ח	ב	ט	ת
ו	ח	כ	ז	ד	מ	ש	ז	נ	ק
פ	ן	ב	ס	ט	ז	ח	י	ד	ם
ו	מ	ר	נ	ף	מ	ן	ק	ל	ך
פ	ה	ד	א	ר	נ	ב	ת	ט	ל
י	ר	ח	י	ו	צ	ס	ף	א	ע
ה	ב	ם	ל	מ	ג	ך	ש	ה	ו
ש	ז	ף	ו	ק	ד	י	ק	ן	ש
ט	ה	י	ר	א	פ	י	ל	ב	ד

אַרְיֵה lion
זֶבְּרָה zebra
חָתוּל cat
עַכְבָּר mouse
אַרְנֶבֶת rabbit
דֹּב bear
גָּמָל camel
יָגוּאָר jaguar
סוּס horse
שׁוּעָל fox
סְנָאִי squirrel
כֶּבֶשׂ sheep
הִיפּוֹפּוֹטָם hippopotamus
לְטָאָה lizard
כֶּלֶב dog
קוֹף monkey
תַּנִּין alligator
פִּיל elephant

28 Sea and sky animals חַיּוֹת הַשָּׁמַיִם וְהַיָּם

ל	ם	ק	ט	ם	ש	ך	ח	כ	ט
ו	ן	י	פ	ל	ו	ד	ס	ר	ס
י	ס	ת	ב	ג	ח	ע	י	י	ו
ת	ג	ר	מ	כ	ק	ג	ד	ש	ס
ן	ת	ע	ט	נ	ו	ט	ה	א	ו
ם	כ	ר	פ	ן	ו	כ	ל	ש	ן
י	י	א	נ	ש	ם	ן	ר	ז	י
ב	ט	ק	פ	ג	ב	ר	ו	ז	ם
ל	א	ם	ה	ד	ו	א	פ	ק	פ
כ	ה	נ	ו	י	ט	ל	ר	ש	נ

פוֹרֶל
trout

כָּרִישׁ
shark

כֶּלֶב־יָם
seal

סוּסוֹן־יָם
seahorse

בַּרְוָז
duck

אֲוָז
goose

סַרְטָן
crab

לִוְיָתָן
whale

כּוֹכַב־יָם
starfish

נֶשֶׁר
eagle

חֲסִידָה
stork

תַּרְנְגוֹל
chicken

דּוֹלְפִין
dolphin

תְּמָנוּן
octopus

טְרִיגוֹן
stingray

תֻּכִּי
parakeet

יוֹנָה
pigeon; dove

הֹדּוּ
turkey

Answer key

1 Welcome בְּרוּכִים הַבָּאִים

ב	ב	ק	ש	ה	ש	נ	ר	י	מ
ו	ך	ב	ו	ט	ר	ק	ב	ה	ה
א	צ	ן	ה	א	ב	ח	ע	ד	ש
נ	ף	א	כ	ת	ש	מ	ר	ו	ל
י	ע	ת	ס	ה	ל	ז	ב	ת	ו
ז	פ	א	ש	ע	ו	צ	ט	ף	מ
ס	ל	י	ח	ה	ם	ן	ו	ב	ך
ב	ו	ט	ה	ל	י	ל	ב	ס	ז
ז	ק	ד	ש	נ	צ	פ	ג	ד	ף
ר	ת	ו	א	ר	ת	ה	ל	ר	ץ

2 Weather מֶזֶג אֲוִיר

ט	ת	י	ה	ש	ל	ג	ק	ם	כ
ל	כ	ש	ע	צ	א	ר	ץ	צ	פ
ם	ן	ב	ק	ן	י	ס	מ	ח	ו
ש	מ	ש	ד	כ	ל	ו	ע	ם	ר
ב	ק	י	צ	ש	ה	פ	נ	ל	ע
ת	צ	ם	ק	ט	ר	ה	ן	א	ר
ה	ן	ר	ע	ם	ף	ב	ע	ד	פ
צ	ב	ו	ת	ד	ן	ת	ו	ח	ל
א	ר	ג	ש	ם	צ	י	ש	ן	ט
ט	ד	ה	ל	י	ת	ח	ו	ר	כ

3 Days of the week יְמֵי הַשָּׁבוּעַ

י	ו	ם	מ	ח	ר	ת	י	ם	ז
ת	ש	פ	ג	ט	ן	ו	ש	א	ר
ו	ש	ב	ו	ע	י	ם	נ	ף	ג
ע	ף	ע	ו	ז	י	ש	י	ל	ש
ו	ל	כ	פ	ע	ע	ת	ש	ג	א
ב	ח	מ	י	ש	י	ר	ל	ם	ת
ש	כ	ת	ב	ש	ב	ח	ש	ו	מ
מ	ע	צ	ד	י	ר	מ	ו	י	ו
ח	ף	ז	ל	ף	ז	ל	ם	ה	ל
ר	ג	א	ב	ה	ם	ו	י	ה	פ

4 Family מִשְׁפָּחָה

ב	צ	ך	ב	א	ש	פ	ד	ר	א
ז	ח	א	ת	ח	ס	ע	ג	ב	מ
ב	ת	ח	ד	י	ר	ז	א	ף	א
י	ג	ו	ו	נ	ם	י	ר	ו	ה
ש	ל	ת	ד	י	ך	צ	א	ן	ב
ז	ע	ד	ה	ת	פ	ב	ש	י	ו
ד	ג	צ	י	ך	ס	ז	ד	ח	ד
א	ש	ה	ך	ם	ש	ב	צ	א	ו
ש	ה	ד	ו	ד	פ	ך	ת	ס	ד
צ	ל	ע	ב	ד	ו	ד	ז	א	פ

5 Food אֹכֶל

ל	ש	ג	ט	א	ה	מ	צ	ח	ז
ע	פ	ק	ד	ת	י	כ	ן	ו	ג
כ	י	א	ש	ם	ך	ב	א	מ	ב
ק	ר	ה	ל	ו	ס	י	ר	ו	י
פ	ק	ז	ד	פ	ק	צ	ז	ס	נ
ה	ו	ח	ב	י	ת	ה	ע	צ	ה
כ	ת	ר	ט	צ	י	פ	ס	ז	ג
ד	ש	ע	ל	א	ג	ט	ל	ס	ט
ב	ה	ח	צ	ף	ו	ע	ק	ר	מ
ט	ם	א	ג	ן	ו	ב	א	ת	ב

6 Feelings רְגָשׁוֹת

א	ט	צ	ע	ו	ג	ע	ג	ך	כ
ה	ס	ב	ל	נ	ו	ת	י	ע	ץ
ב	ל	פ	ד	י	כ	ו	ס	ח	נ
ה	כ	ס	א	ע	ה	י	ל	ה	א
צ	ה	י	ג	י	ו	מ	ס	ח	מ
א	א	מ	ה	פ	ק	י	ב	מ	נ
ש	נ	י	ד	ו	ת	ט	צ	ש	ו
ר	ק	ו	ח	ת	כ	פ	ע	ז	ת
ט	צ	ת	פ	ך	ל	ו	ס	ט	צ
ך	ם	ו	מ	ע	ש	א	ח	ש	ש

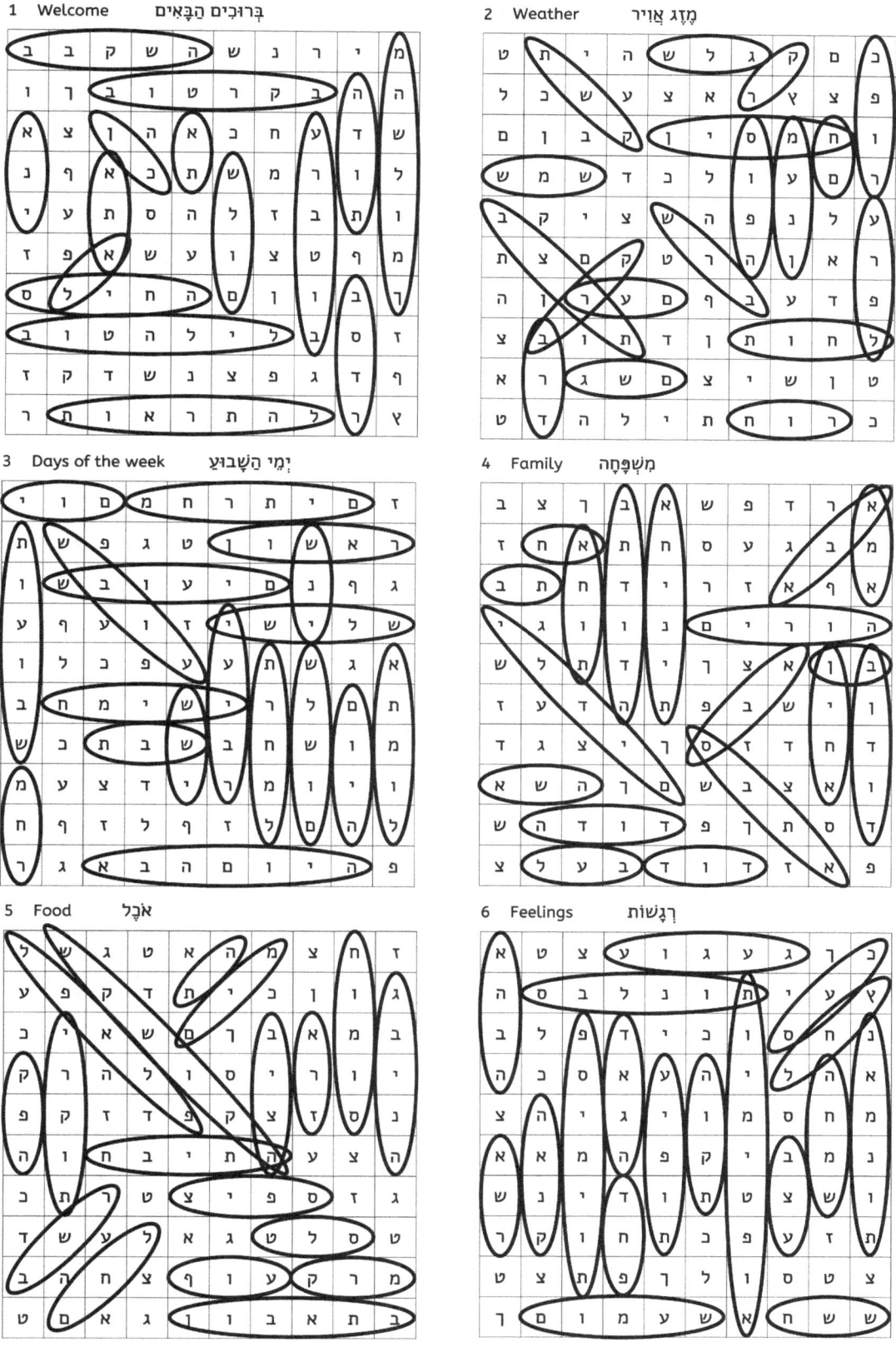

7 Occupation מִקְצוֹעַ

ב	צ	ע	מ	ז	ס	מ	ו	ר	ה
ע	צ	ך	נ	ג	ר	י	ת	א	ח
ו	ס	ל	ף	ע	ש	נ	ח	ק	ד
ר	ט	א	ם	מ	ט	ו	ל	ף	ו
ך	י	כ	צ	ה	ת	א	ט	ז	ר
ד	ס	ב	י	נ	י	ח	ס	ר	י
י	ת	א	ר	ד	ל	ג	ק	פ	ת
ן	ז	י	ת	ס	ך	ז	נ	ו	ר
ס	מ	ל	ה	א	פ	ו	ר	ן	ר
ז	ר	ו	ט	ר	י	נ	ר	י	ת

8 Clothing הַלְבָּשָׁה

ח	ג	ו	ר	ה	ת	ו	פ	פ	ב
ט	נ	ם	י	ד	ג	ב	ז	ך	מ
ג	ע	פ	ה	פ	י	ל	ח	צ	ע
ר	ל	ה	מ	ג	י	פ	א	ן	י
ב	י	מ	כ	נ	ס	י	ם	ס	ל
י	ם	ש	פ	ח	ה	ף	ז	כ	ד
ם	ש	ק	ת	ט	ל	ע	צ	ו	נ
א	ע	פ	ו	ז	מ	צ	ב	ר	ס
ך	ו	י	ר	ע	ש	א	ה	ו	פ
ט	ן	ם	י	נ	ו	ת	ח	ת	כ

9 Home בַּיִת

מ	א	ב	ט	צ	ן	ו	ר	ד	ס	מ
פ	י	ז	ע	ף	ח	ע	ב	א	ט	ד
ת	ל	ד	ח	ך	ל	ז	ה	ב	ח	ש
ח	ס	א	צ	ג	ש	ע	ח	ז	ד	י
ג	פ	ד	ר	ף	ט	ס	ך	א	ר	ר
ב	ה	י	ז	י	ו	ל	ט	ב	ש	ו
ן	ע	ט	ש	ע	צ	ו	ז	ג	נ	ת
ס	ך	ד	א	ס	כ	ן	מ	ט	ה	י
ח	ה	ג	ב	צ	ף	ז	א	ד	ט	ם
מ	ר	פ	ס	ת	ה	ת	ח	ל	ק	מ

10 In the kitchen בְּמִטְבָּח

ר	ן	ג	ל	ז	מ	א	ט	ץ	ג
ד	ר	י	ח	ש	ח	ר	ת	ס	ד
צ	ף	ק	כ	ג	ב	ו	י	י	צ
ל	ש	ן	מ	ס	ת	ו	פ	ר	נ
ק	ג	ץ	ם	ה	ח	מ	כ	ד	צ
מ	ט	ו	י	ר	ל	ט	ף	צ	נ
ק	ו	צ	ר	ע	צ	ב	ש	ט	ת
ו	ג	ו	י	ק	ף	ח	ל	ג	כ
ם	נ	ט	כ	ד	י	צ	פ	ו	ן
ת	ש	ן	ק	נ	ק	מ	ס	ץ	ט

11 Vegetables יְרָקוֹת

א	ם	כ	ר	ו	ב	י	ת	ז	ך
ז	ו	ף	צ	ה	נ	ו	פ	א	מ
ך	ח	ש	ס	ו	מ	ו	ח	ר	ל
י	ל	ו	ק	ו	ר	ב	פ	ז	פ
ב	ל	י	צ	ח	ג	ם	צ	ג	פ
ר	ז	ב	ו	ר	כ	ר	ך	ל	ו
ל	ה	מ	ד	א	ח	ו	פ	ת	ן
ו	פ	ל	פ	ל	ת	י	ר	ס	ז
ק	ך	צ	ק	ו	ש	י	ט	ר	א
צ	ז	ח	ס	ה	י	נ	ב	ג	ע

12 Fruit פֵּרוֹת

א	א	ת	ה	ע	ם	ח	ו	פ	ת
נ	ב	ו	ר	נ	צ	י	ו	י	ק
נ	ט	ת	ו	ב	א	פ	ר	ס	ק
ס	י	ך	ל	י	כ	ס	ט	ך	ד
ך	ח	צ	פ	ם	מ	ף	ז	ל	ב
ל	ה	נ	י	ט	נ	מ	ל	ק	ד
ת	י	ג	ס	ל	י	ה	נ	נ	ב
פ	ס	מ	פ	ג	ת	ם	נ	ך	ן
ו	ם	צ	ו	ד	ק	ו	ב	א	צ
ז	ג	ף	ל	ן	ס	ם	ז	י	ת

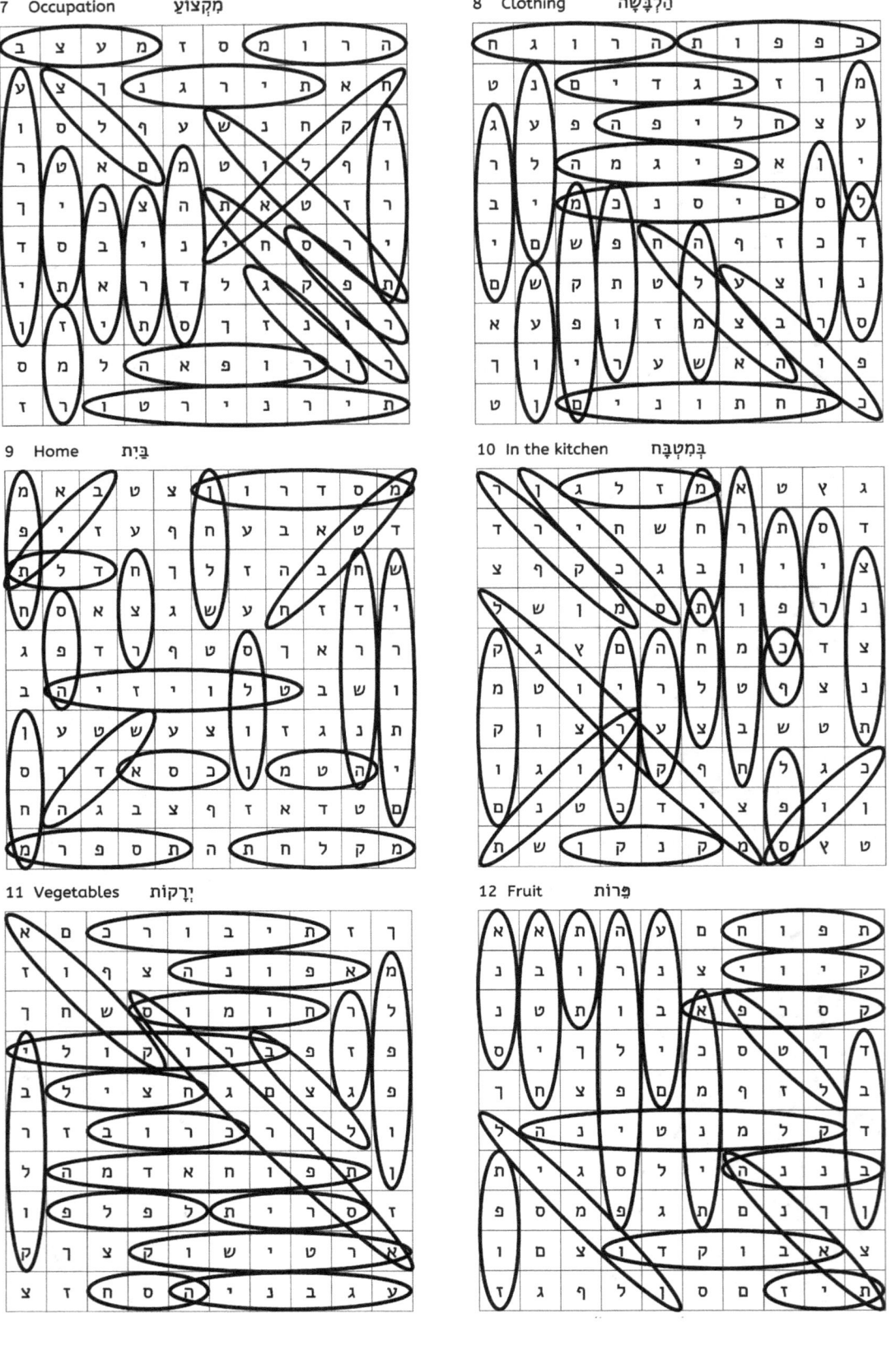

13 Places מְקוֹמוֹת

ז	ר	פ	ס	ת	י	ב	א	ב	צ
ח	ה	י	ר	פ	ס	י	ל	ס	ט
ו	א	ה	פ	ו	ע	ת	ה	ד	ש
ה	ד	ר	ש	מ	ג	ק	ר	ז	ו
ע	ה	ד	ע	ס	מ	פ	י	ר	ק
צ	ו	ג	ב	ל	ג	ה	ד	ח	ג
י	ב	נ	צ	ן	ו	א	ז	ו	מ
ם	א	ר	ל	ס	ט	נ	ס	ב	פ
ז	י	מ	ל	ו	ן	א	צ	ז	ע
ע	י	ר	ה	א	ק	ר	א	פ	ל

14 Vehicles כְּלֵי רֶכֶב

ז	כ	ג	צ	ת	י	נ	ו	כ	מ
ח	ב	ן	ם	ר	ה	ף	ס	צ	ו
ש	א	ף	כ	ז	ל	ו	ע	ח	נ
מ	י	ב	ג	ב	ט	נ	ו	ר	י
ל	ת	ל	כ	מ	ז	מ	נ	ו	ת
י	מ	ר	ו	ט	ק	ר	ט	פ	ס
ת	ש	ק	ו	ס	מ	צ	ק	ר	י
ג	א	ו	ט	ו	ב	ו	ס	ו	ר
צ	י	ם	י	נ	פ	ו	א	ד	ה
ז	ת	י	ת	ח	ת	ת	ב	כ	ר

15 Tools כְּלֵי עֲבוֹדָה

ק	ט	ה	ח	ד	ק	מ	ן	ש	נ
ם	ד	פ	צ	ם	ל	ס	ס	י	מ
י	ש	מ	ב	ר	ג	ק	ר	מ	פ
ל	כ	ו	ת	ר	ע	ז	ט	ס	ת
כ	ע	פ	ב	ח	כ	ך	מ	ו	ח
ז	ק	ן	ל	ו	ש	ו	ד	ר	ב
ג	ב	מ	כ	ר	פ	ש	ה	ל	ר
ר	ז	י	ד	מ	ל	י	ט	ו	ג
א	ת	ק	ו	ס	ס	ט	ק	א	י
ד	צ	ט	ש	מ	ס	פ	ר	י	ם

16 Toys צַעֲצוּעִים

א	ן	ו	פ	י	פ	ע	ם	א	מ
ם	ה	ש	ן	ו	ב	י	ב	ס	ט
ק	צ	נ	ם	ג	ל	ו	ב	ק	ק
ו	י	ג	י	ש	ו	י	ה	י	ו
ר	פ	כ	ק	ל	ן	ו	ד	י	ת
ק	ק	ת	ו	ל	ו	ג	ב	ט	ר
י	ל	א	ל	ז	א	פ	י	ב	ו
נ	ב	ם	ב	ו	נ	י	מ	ו	ד
ט	ח	ג	כ	ש	ב	ש	ש	ר	כ
ש	ן	פ	ו	א	ת	ל	ת	ד	ט

17 Colors צְבָעִים

ק	ט	א	ן	ר	פ	א	ש	ע	ט
י	כ	ד	ח	ע	ז	ב	י	ן	כ
ר	ע	ם	ד	ג	ר	מ	ז	א	ס
ק	ל	פ	ת	ט	ב	ש	ק	י	ף
ש	ו	ו	ע	כ	ה	ן	ס	נ	ח
פ	נ	ר	מ	ע	ז	ך	ג	ד	ם
ל	ד	ד	ג	ר	ח	ש	ל	י	ו
ח	ר	כ	נ	ך	ב	ה	צ	ג	ח
כ	ק	ש	ט	פ	ט	כ	ש	ו	ט
ן	ח	י	ה	ע	ן	ב	ל	פ	ק

18 Numbers מִסְפָּרִים

א	ר	ב	ע	ק	פ	ד	ן	ש	ט
ר	ח	ם	י	ש	ו	ל	ש	ג	כ
ב	ע	כ	ג	ך	ר	ז	א	פ	ס
ע	ן	ש	ח	ט	ף	ה	ח	ב	ג
י	מ	ד	ר	ז	ס	כ	ת	ף	ק
ם	א	ט	מ	י	ל	י	ו	ן	ד
י	ה	ג	כ	ק	ם	פ	ע	ב	ש
ש	מ	ו	נ	ה	י	ע	ש	ת	ל
מ	פ	ף	ל	א	ת	ט	ד	פ	ו
ח	מ	ש	ו	ד	ש	ך	ו	ק	ש

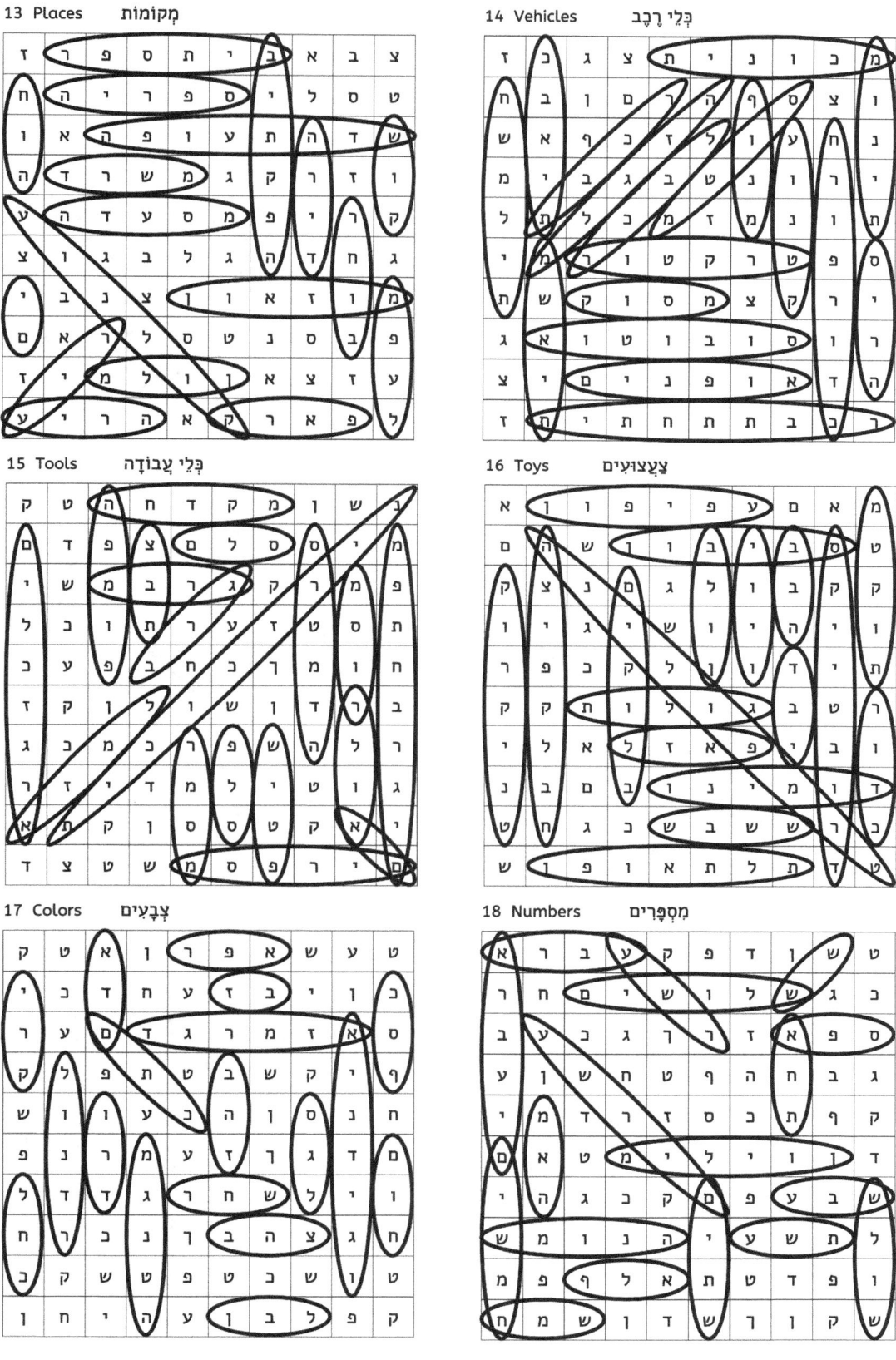

19 Shapes צוּרוֹת

ט	ק	א	ט	ן	ב	ל	מ	ו	ס
ר	ד	ל	כ	מ	ר	ש	ע	מ	פ
פ	ו	י	ם	ת	ח	ד	י	ק	ר
ד	ש	ל	ש	מ	ז	ה	ו	ר	ה
ל	ק	ג	מ	ך	ד	ס	נ	ש	א
ג	ב	א	ח	י	צ	כ	ש	ח	ט
ל	י	ט	מ	ם	ז	מ	ש	ב	ע
ג	ה	ר	ב	ו	ע	ד	א	כ	ש
ס	י	ב	ד	ל	ו	ג	ע	ם	ת
פ	ם	ק	ת	י	ל	י	ב	ק	מ

20 Time זְמַן

א	ט	ש	נ	י	ה	ע	ל	ת	כ
ש	מ	ך	ג	ן	ב	ך	א	ק	ר
ע	ז	ק	ף	ר	ה	ק	ד	ו	ב
ה	ע	ס	ד	א	ל	ם	ע	פ	ע
כ	ת	ך	ל	ם	פ	ז	ט	ה	ן
ח	י	י	צ	ח	ע	כ	ש	ו	ר
צ	ד	ג	ט	ן	מ	ף	ג	ח	ה
נ	ם	י	ת	נ	י	ב	א	ז	נ
כ	ה	ו	ו	ה	ם	מ	כ	ל	ו
ן	ל	א	ח	ר	כ	ך	ג	ט	ע

21 Months חָדְשֵׁי הַשָּׁנָה

ש	נ	ה	א	י	א	מ	ק	ם	ל
נ	י	א	ו	נ	ן	ר	ד	ו	ג
ה	נ	פ	ג	ו	כ	ץ	ח	ר	ס
מ	ו	ר	ו	א	ג	ש	ב	פ	מ
ע	י	י	ס	ר	נ	ו	ט	ב	ס
ב	ו	ל	ט	ה	ט	מ	ד	ר	ט
ר	ל	ם	ג	ק	ב	ן	כ	ו	ר
ת	י	ד	ו	ר	ש	ד	ח	א	ק
ק	כ	א	ם	ן	ו	ע	ב	ר	ן
נ	ו	ב	מ	ב	ר	ב	מ	צ	ד

22 The Hebrew Calendar הַלּוּחַ הָעִבְרִי

ה	ק	ת	ש	ד	ח	ש	א	ר	צ
נ	ס	ש	ם	ר	ה	ס	ט	מ	א
ב	י	ר	ב	פ	ע	ך	ר	ק	ת
ל	ו	י	ג	ט	ם	ח	ע	ט	ה
ה	ן	ר	ד	א	ש	ו	ל	ס	כ
ד	ג	ח	י	ו	ק	ת	ב	ט	ו
ל	ע	ר	ן	ל	ו	ל	א	פ	כ
ו	ת	ו	ש	מ	ש	ה	ן	י	ב
מ	פ	ם	ט	ן	ס	י	נ	ג	י
ג	ק	ת	מ	ו	ז	פ	צ	א	ם

23 Music כְּלֵי נְגִינָה

ט	א	ס	ק	ס	ו	פ	ו	ן	ם
מ	ל	ב	נ	ש	ה	ל	ד	ג	א
פ	ב	נ	ו	ר	ע	י	ן	ר	ק
ו	ם	ד	ט	ג	ש	ל	ף	ת	ו
ח	ש	י	ה	ל	ה	ח	ט	נ	ר
י	ג	ב	ש	ר	צ	א	ש	ס	ד
ת	ו	מ	צ	ל	ת	י	ם	פ	י
ט	ד	ו	ו	ם	ג	ו	נ	ג	ו
ם	צ	ש	ת	י	נ	ר	ל	ק	ן
ח	א	ן	ו	מ	ע	פ	א	ט	ש

24 Body parts חֶלְקֵי הַגּוּף

ק	ס	פ	ו	ם	מ	ט	ש	א	ר
ש	נ	ג	ל	כ	ר	ך	ע	ח	ו
ו	ט	ק	ג	ד	פ	נ	י	ם	ק
כ	ר	ע	ר	ם	ק	ף	ן	ג	ט
ת	כ	ד	ח	ס	ש	ם	ע	ף	פ
ף	א	ו	ק	ט	ל	כ	ח	ה	ש
ק	ז	ט	ע	ב	צ	א	ץ	ד	י
ג	ן	ש	ד	פ	ו	ה	ז	ח	ג
ם	ע	כ	ק	ם	א	ע	ל	ו	ם
פ	ן	ט	ב	ך	ר	ד	ש	כ	ק

25 Plants צְמָחִים

ק	ן	ע	ה	פ	ל	ק	ט	א	י
ד	צ	ל	א	צ	ד	ג	ב	ן	ר
ס	נ	ה	ג	ו	כ	ק	ח	ר	פ
פ	ט	כ	ם	ף	נ	א	ן	ג	ד
ט	ב	ו	ק	י	כ	ס	מ	ב	כ
מ	נ	ת	ם	ג	א	ה	ל	ע	ף
ח	ל	ר	ף	נ	ע	ץ	ט	ו	ס
מ	י	ת	ו	ך	ז	ק	ם	ל	ן
צ	ת	א	ק	ף	ג	ד	ע	ר	ז
ד	ש	ט	ח	י	ש	כ	ש	ר	ש

26 Insects חֲרָקִים

ד	א	ט	ם	ד	צ	ד	ה	מ	ט
ב	י	פ	ר	פ	ר	כ	מ	ק	ש
ו	ת	ן	כ	ע	צ	ז	ל	ק	פ
ר	ו	י	ד	ב	ר	ח	ש	ם	י
ה	ש	ך	ש	ט	ן	ל	ל	י	ר
ם	י	א	נ	ו	ל	ק	מ	נ	י
ז	ב	ו	ב	ף	פ	ם	ג	כ	ת
א	ה	ב	ר	א	ע	ח	ב	ע	א
ם	ה	ל	מ	נ	ד	ט	ג	ש	ע
ת	י	ל	י	ל	ח	ג	ך	ב	ו

27 Land animals חַיּוֹת הַיַּבָּשָׁה

ם	ק	ס	ו	ס	ם	ב	ל	כ	ש
ט	ך	ע	ל	ו	ת	ח	ב	ט	ת
ו	ח	כ	ז	ד	מ	ש	ז	נ	ק
פ	ן	ב	ס	ט	ז	ח	י	ד	ם
ו	מ	ר	נ	ף	מ	ן	ק	ל	ך
פ	ה	ד	א	ר	נ	ב	ת	ט	ל
י	ר	ח	י	ו	צ	ס	ף	א	ע
ה	ב	ם	ל	מ	ג	ך	ש	ה	ו
ש	ז	ף	ו	ק	ד	י	ק	ן	ש
ט	ה	י	ר	א	פ	י	ל	ב	ד

28 Sea and sky animals חַיּוֹת הַשָּׁמַיִם וְהַיָּם

ל	ם	ק	ט	ם	ש	ך	ח	כ	ט
ו	ן	י	פ	ל	ו	ד	ס	ר	ס
י	ס	ת	ב	ג	ח	ע	י	י	ו
ת	ג	ר	מ	כ	ק	ג	ד	ש	ס
ן	ת	ע	ט	נ	ו	ט	ה	א	ו
ם	כ	ר	פ	ן	ו	ב	ל	ש	ו
י	י	א	נ	ש	ם	ן	ר	ז	י
ב	ט	ק	פ	ג	ב	ר	ו	ז	ם
ל	א	ם	ה	ד	ו	א	פ	ק	פ
כ	ה	נ	ו	י	ט	ל	ר	ש	נ

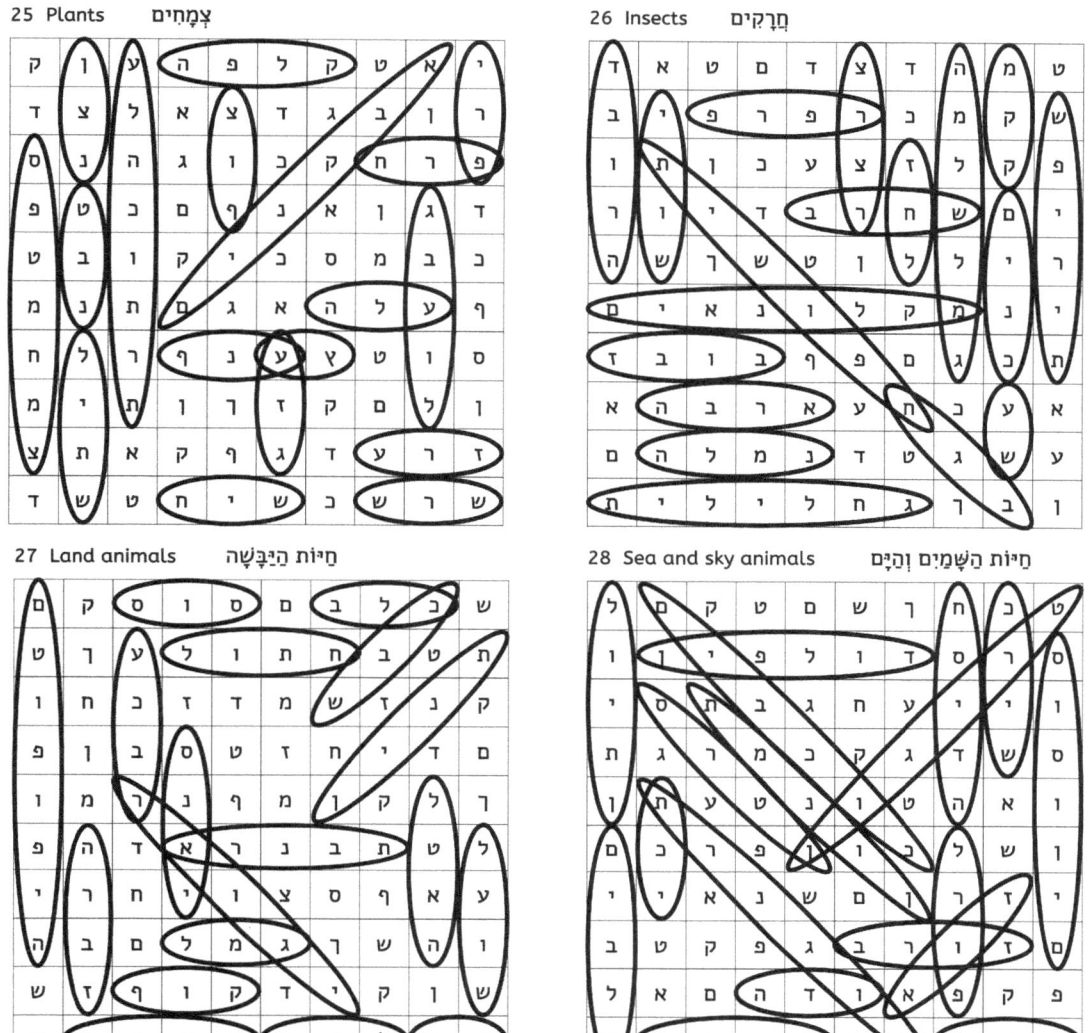

Also by Cactus Pear Books
Find more at cactuspearbooks.com

www.ingramcontent.com/pod-product-compliance
Lightning Source LLC
Chambersburg PA
CBHW081759100526
44592CB00015B/2494
9781951462093